「嫌われてる？」と感じたときに読む本

人間関係がうまくいく38のヒント

be in someone's black books ?

ハイブロー武蔵＋総合法令出版編集部

Musashi Highbrow / Sogo Horei Publishing editorial

SOGO HOREI PUBLISHING CO., LTD

プロローグ

「人に嫌われたくない、もっと好かれたい」と感じたことはありませんか？

私は、常に考えています。

多くの方が、人づき合いや人間関係について、気にされているようです。

それは職場だけでなく、恋愛や友人関係、家族との間でもよくあります。

なぜ、人は人とのつき合いを気にするのでしょうか？


私なりの考えをこれから申し上げますが、その前に次ページの16の設問をチェックしてみてください。

これは、あなたの「人間関係力のチェックリスト」です。

あなたが、どの相手に対して人の目を気にしているかがわかります。

【あなたの人間関係力チェックリスト】

YESの場合、□にチェックしてください。

Q1　毎日出社と退社の際、挨拶を気持ち良くしている……………………□
Q2　ここ2週間、メールの返事を忘れずにしている…………………………□
Q3　この1ヶ月間、遅刻はしていない……………………………………………□
Q4　将来の目標を持っている……………………………………………………………□
Q5　自分はかけがえのない存在だと思っている……………………………□
Q6　自分をほめ、励ます言葉を持っている……………………………………□
Q7　人と会う際、自然な笑顔を忘れない………………………………………□
Q8　自分は仕事ができる方だと思う………………………………………………□
Q9　他人の悪口をめったに言わない………………………………………………□

Q10　「サラリーマンは上司も部下も選べない」とは思わない……□
Q11　月に1冊は読書をしている……□
Q12　自分は恋愛上手だと思う……□
Q13　家族の仲は良い方だと思う……□
Q14　困ったときに励ましてくれる友達がいる……□
Q15　自分は可愛げのある方だと思う……□
Q16　大切な人との永遠の別れを考えたことがある……□

いかがですか？　あなたはＹＥＳがいくつありましたか？（各解説は６ページ）

ＹＥＳが　16個………すごい！　あなたは人間関係のエキスパートです
ＹＥＳが　11～15個……なかなかです。あなたは人にとても気を配る方です
ＹＥＳが　６～10個……まずまずです。誰しも人間関係の悩みはありますよね？

YESが　1〜5個……かなりお疲れの様ですね。一つひとつ取り組みましょう
YESが　0個………もしかして外へ一歩も出られないのでは？

もし、16の質問全てに「YES」のチェックが入った人には、私は何も言うことがありません。
ただ、ほとんどの人は、いくつかチェックの入らない設問があったはずです。

だから、この本を手にとったんですよね？

でも、気にしなくて大丈夫です。

人づき合いや人間関係については、太古の昔から老若男女、万国共通のテーマです。なぜなら、**人間は一人ひとりが「自分」を持っているから**です。

つまり、違う存在であり**他人**です。

お互い相手に合わせたり、妥協したり、我慢したり、仕方なく相手の言うことを聞いてあげたりすることもあるでしょう。

ストレスも溜まるかもしれません。

相手のことが憎らしく感じたり、思わず言い返したくなったり、手をあげてしまいそうな気持ちを、無理やり抑え込んだりすることもあるでしょう。

「もっと私のことをわかってほしい」「もっと話を聞いてほしい」と不満を持っているかもしれません。

あなたが、そう感じるのはもっともです。

私も同じ気持ちです。

でも、私達人間は、ひとりでは生きていけません。

不平や不満はあっても、何とか生きていかなくてはならないからです。

ただ、中には自分の人生を生き生きと過ごし、周りの人達と素敵な関係を作っている様に「見える」人もいます。

一体、どうしたら今より楽に、上手に過ごすことができるのでしょうか？

私は、その秘訣を探りたいと思い、この本を書きました。

本書は、人間関係が気になる人に、その解決方法をわかりやすく解説しました。

【第1章　自分自身を信じると他人の目は気にならない】では、「**人間関係の基本**」についてご説明します。

この章では、人間関係を気にする仕組みや他人の目を気にする理由、他人への気配りについて、順序立てて説明しています。

どの相手に対しても共通する内容ですが、さきほどの設問Q1〜6にチェックが少なかった人は、まずはここから読んでみましょう。

【第2章　あなたを慕って人が集まるビジネスの人間関係】では、「**職場の人間関係**」についてご説明します。

この章では、職場での人間関係について、上司や同僚、後輩に対して、どのように振る舞えば良いかについて、具体的なヒントを挙げています。

さきほどの設問Q1〜4、7〜10にチェックが少なかった人は、まずはここから読んでみましょう。

【第3章　恋愛上手になって幸せな関係を築く】では、「**恋愛の人間関係**」についてご説明します。

この章では、恋愛上の人間関係について、良い恋愛、不幸な恋愛、恋愛上手、失恋などについて、具体的なヒントを挙げています。

さきほどの設問Q5、7、8、11〜13、15にチェックが少なかった人は、まずはここから読んでみましょう。

【第4章　友達・家族と心地良い関係になる】では、「**友達・家族との人間関係**」についてご説明します。

この章では、友達や家族との関係について、友達の選び方や理想の家族、感謝の気持ちの伝え方などについて、具体的なヒントを挙げています。

さきほどの設問Q1、2、7〜10、11、13、14にチェックが少なかった人は、まずはここから読んでみましょう。

【第5章　自分を成長させると人生が変わる】では、「**人間関係をさらに磨く方法**」についてご説明します。

この章では、かけがえのない人や永遠の別れ、自らの成長について、具体的なヒントを挙げています。
さきほどの設問Q4、5、7、11、15、16にチェックが少なかった人は、まずはここから読んでみましょう。

なお、設問の解答について、いくつかの章に重複しているものがありますが、これは、人間関係は立場に応じて明確に分けられるものではないということと、**大事な点を繰り返している**とお考えください。
その方がより効果的に、あなた自身の気になる点が明確になってくるでしょう。

本書で書かれている、相手への気配りの仕方や距離のとり方、気持ちの伝え方など、関係をスムーズにする38のヒントを実践すれば、他人の目が気にならない前向きな人生を送ることができます。

私は、より自分を生かす人生を送るための「**人間関係のバイブル**」を目指しました。

この本で提案する、いくつかの方法を習得されることによって、読者の皆様の人生がより実りあるものに、ご自身の人生をより充実したものにできますことを心より願っております。

人間関係に悩みはつきものです。

一緒に考えていきましょう。

第2章　あなたを慕って人が集まるビジネスの人間関係

第3章　恋愛上手になって幸せな関係を築く

第4章　友達・家族と心地良い関係になる

第5章　自分を成長させると人生が変わる

装丁　冨沢崇（EBranch）
組版　横内俊彦

第1章
自分自身を信じると他人の目は気にならない

1　悩みは良い人生を送るためにある

なぜ、人は人間関係に悩むのでしょうか？

それは、**人間として成長していくため**です。

ほとんどの人は、人間関係で悩んできました。

どんな精神科医でも、大作家でも、有名人でも同じです。

しかし、悩みを解決する方法はあるはずです。

なぜなら、人間は**生きていかなければならない**からです。その先に、喜びや生きている幸せも待っています。そのために悩むのです。

確実に言えることは、人間関係、対人関係で悩んでいるのは、あなたひとりではなく、生きている人のほとんどが、かつて同じように悩み、今も悩んでいるということです。

悩みを乗り越えていこうと努力する人に、成功と幸せの女神が微笑みます。

「自分だけが他人とうまくいかない」「ダメな人間だ」という考えは捨てましょう。

必ず、人間関係をうまくつくっていけると信じるのです。

自分も他人も、それぞれに合った良い人生を送るために生きています。

人生は、コツさえつかめば結構面白いものです。

2　人間関係は自分を信じることが出発点

人が生きていく中で、何よりも一番大事なのは、**自分を信じること、自分を大切にすること**です。

これが出発点です。

自分を信じるから、生きていけます。いえ、生きていくためには自分を信じるしかないのです。

自分という人間は、それだけ価値のある、もっともかけがえのない存在です。

人間関係がうまくいかない人の多くは、どこまでも自分を疑う人です。

ひとりのときに、たっぷりと、自分を「すごい」「よくやっている」とか、「すばらしい」「かっこいい」「いい男」「いい女」と言ってあげましょう。

自分は、この世で成功するために生まれてきたのだと、言い聞かせてください。

ピグマリオン効果とも言いますが、自分をほめてあげると、そのうちだんだん、自分自身がその言葉についていきます。

そもそも、全ての人に成長する種は植えられていますが、多くの方は、その種を育てていないだけです。

鏡を見ながら、寝る前と起きてすぐに、自分をほめる言葉、励ます言葉を自分に向かって言ってあげましょう。

「私は素敵だ」
「私は魅力的だ」
「私はできる」
「私はスゴイ」
「私は可愛い」
「私は好かれている」

「私は必要とされている」
「私はこの世にひとりしかいない」
「私はかけがえのない存在だ」

面白いことに、人は、自分に自信のある人に魅かれやすいという特徴があります。

何となく自信ありげな態度、行動、言動をとられると、気になり、一目置くのです。成長していく人、目標に向かって前向きな人に、近づきたくなるはずです。

ですから、自分を信じ、大事にすることは、自分に素直になると共に、他人との人間関係をうまくしていくコツでもあるのです。

そして、自分を大事にしていくと決意することは、こんなに素敵な自分をさらに磨き、成長させようという気になることにもつながります。

結局、全ての良い人間関係の出発点は、自分を信じ、大切に思うことから始まります。つまり、自分の**かけがえのなさを知ることから始まる**のです。

3　うまくいく人は夢と希望を持っている

自分がギリギリのところで踏みとどまれる力、自分を信じようという力を与えてくれるものは何でしょうか？

それは、**夢と希望を持つこと**です。

「希望の星の光」さえ見失わなければ、何とかなります。

自分と他人とでは、思っているほどの違いや差はありません。

人間関係その他で、うまくいっている人といかない人との違いは、夢と希望を持っているか否かによります。それだけと言っても良いでしょう。

まずは、目標を明確に持ち、いつも自分に言い聞かせてみましょう。

明確な目標があれば、一日たつごとに、知らず知らず必要なものが周りに現れてきます。

まず、人や情報が集まってきます。

良い習慣も身についていきます。

自分の目標が決まっていることから発する、オーラやニオイ、言葉などの集積が磁石となって、魅きつけてくるのです。

それは、方向や考え方がしっかりと定まっている人とは、話が合わせやすいのと同じことです。自分に合う人、ふさわしい人かもわかりやすくなりますし、言葉に出さずとも、そうなっていくようです。

人間の根本は意識です。ですから、**自分の理想の姿をいつも意識的に明確にしておくこと**が大切です。意識が定まっていれば、核がしっかりとしてきて、人間関係の基礎ができ上がるのです。そして、意識をしっかりと持った人は、ほとんどの夢を実現できる力が備わります。

まずは、自分の夢と目標を、しっかりと心の中に刻みこみましょう。

4　他人への思いやりは必要か？

人生成功の秘訣のひとつに、「他人への思いやり」とか「利他行為」「謙遜《けんそん》」といったものがあります。

しかし、ここでちょっと考えてみましょう。

人は皆、自分が大事です。自分こそが、この世でかけがえない唯一の、最高の宝です。ですから何をするにも、それは「**自分のため**」です。自分に役立つ、自分の人生を良くするために求められることです。

つまり、自分が傷ついてもダメでも良いというのは本末転倒で、意味がないでしょう。

ところで、人は自己愛の固まりと言っても良い面があります。この自己愛を満足させることほど、幸せを感じることはないでしょう。

人に感心され、ほめられ、立派な人だと言われることや、自分が一番ほめてほしい所をほめてもらえること、それが最高の快感であり、喜びです。

そう考えますと、他人の最も喜ぶことを自然に満足させてあげられるようになれば、しめたものです。人間関係は抜群に良くなり、成功しやすくなるでしょう。

また、人は自分を喜ばせてくれる人のために、役立ちたいと思うものです。自己愛の心がさらに開き、自分をここまで思ってくれる人を好きになり、受け入れようとするでしょう。

このように、**気配りはあくまでも自分のためにある**のです。

できるだけ、他人の喜ぶことをさりげなく見つけて、その人の自己愛を満足させてあげること、これが「他人への思いやり」です。

自分の人生に夢を持ち、目標を持って生きている人、自分を大切に育てる人こそ、この「他人への思いやり」ができるようになるでしょう。

5 「気配り上手」は生き方上手

うまく生きている人を見てつくづく思うのは、気配りのうまさです。

「こうすればこの人は喜ぶな」という気づかいを、無意識じゃないかと思えるほど自然に行っています。

しかし、それは実際のところ違います。真の気配り名人は、長い間、相手を気づかう心の訓練を続けてきた人です。

では、相手のことを気づかう訓練は、具体的にどうすれば良いのでしょうか？

まずは、**何がよりその人の喜びになるのかを、もっと知りたいと思うこと**です。

小さな点で言えば、相手が一番ほめてもらいたい所を見つける訓練が重要です。

気配りができる人は、自慢を抑えて相手をほめる箇所を常に探そうとします。

次に、その日の心の状態を測ります。人間には、体と同じように心にもバイオリズムが必ずあって、好不調の波があるからです。これは、致し方ない面でもありますので、心の状態にも気をつかってあげることが大切です。

さらに、明るい気持ちを心がけましょう。人前でいつも明るい気持ちでいられる人には、相手も心を開いて本心を明かしやすくなります。嬉しくなって、つられて明るくなり、明るいあなたに好感を持ってくれるのです。すると、こちらも気配りがしやすく、気持ちも伝わりやすくなるでしょう。

以上に加え、的確な言葉が使えるように、良い言葉をたくさん身につけていくことです。

ところで、「人のご機嫌ばかりを伺っている人なんて嫌い」と言う人がいるかもしれません。しかし、そうではありません。こうした訓練をしっかりとできる人は、ご機嫌伺いをしているのではなく、自分を強くコントロールしている人です。自分をコントロールする力が強いというのは、**自分の人生の目的を知ってい**

る人です。

この人が、単なる「ご機嫌伺い」と異なるのは、心配りや気配りが、その場限りで自分の都合と得を考えただけの、長続きしないものではないことです。

単なるご機嫌伺いでは、相手が一度や二度は引っかかったとしても、ずっと良い人間関係を築くことはありません。そのような関係は、必ず手ひどい結果を生むことになります。

そうではなく、きちんと自分自身をコントロールした上で、相手に心配りができるようになり、自然にそうした生き方を身につけられれば、自分の気持ちもよりきちんと伝えられるようになるのです。

それは、より良い人間関係がつくられていくことにつながります。

6 「ごめんなさい」と素直に言える関係とは？

ちょっとしたことのようですが、「ごめんなさい」とすぐに言え、素直な感じで言葉に出せる人は、もうそれだけで、相手の心をつかむことができる人だと思います。

これまでたくさんの人を見てきて、「ごめんなさい」がきちんと言える人で、人に好かれない人はいない、とつくづく思います。もちろん、嫌われない人にもなれます。

では、どうすれば素直に心から「ごめんね」と言えるようになるのでしょうか？

それはやはり、自分への信頼をきちんとすることです。「ごめんね」と言える人は、**自己信頼ができている人、自分の未来を信じている人**です。

ですから、自分が間違っていた場合、すぐに謝って修正することができるのです。

中には、「プライドが許さない」と言う人がいるかもしれませんが、そういう人はまだまだ、自己信頼が足りないように思えます。プライドの働かせる場所が違うのです。

プライドとは、自分の譲ることのできない生き方や心です。気概と言っても良いでしょう。ですから、自分のミスを認めたところで、自分の人間性を損なうようなことは何もありません。

それにしても、小さなことで相手を不快にさせたり、怒らせたり、誤解させたときに「ごめんなさい」と言える人は、何と心の良い人でしょうか。

自分に言い分があっても、まずは、その一言を言ってから相手の言い分を聞いてあげるだけでもう大丈夫です。言われた相手も「私の方こそ、つい言い過ぎちゃって」とか「私も悪かった」と本当に思えてくるのが不思議です。

そして、先に「ごめんなさい」が言えたあなたのことを心から信用して、好きになるのです。

恋人同士でも、この**「ごめんね」が素直に言い合える関係は最高**です。ずっと長く続いていくことでしょう。

仮に、あなたが「ごめんなさい」とは絶対に言えない人であれば、相手も「ごめんなさい」と言ってくることは難しいでしょう。

素直な気持ちで「ごめんなさい」を言えるようになりたいものです。

7　他人の目を気にし過ぎない方法

人間関係が難しいのは、人は自己愛の生き物なのに、他人の目がとても気になるところ、気にし過ぎるところにあります。皆、過度に嫌われたくないと思いがちです。

例えば、

朝、Aさんに「おはよう」と言った。

Aさんは、朝からブルーの様子で挨拶《あいさつ》もしてくれない。

私は傷つき「どうして私を無視したの？」「Aさんに何か嫌われることをしたかな？」「何か嫌われることを言ったかな？」「もしかして私、みんなに嫌われてる？」とエスカレートしていく……。

そんなときは、自分を遠く離れた空の上からクールに眺めている姿をイメージしてください。

そして、「おはよう」を言わなかったAさんは、何もそんなに大げさなことを考えているわけではないのでは？　挨拶が上手にできないタイプでは？　と良い方に考え、逆のケースもイメージしてみましょう。さきほどの例でも、たまたま自分の虫の居所が悪くて気持ちの良い「おはよう」が言えず、他人を傷つけていることもあるかもしれません。

私にも経験があります。私は、キツイ冗談を連発するクセがあって、自分にはそんな気がまったくないのに、ずいぶん他人を傷つけていたようです。

他人の目が気になるのは、**良い人間関係をつくりたいから**です。

そのため、仕方がない面もありますが、他人の目を気にし過ぎない訓練も大切です。

一番良いのは、**自分の人生の目標を、もっと意識すること**です。目標に向かって、他人の目を気にし過ぎる自分を乗り越え、前向きな人生を送ることを心がけましょう。

8　頼みごとをするには礼儀作法が物を言う

お願いや頼みごとをしたいときは、とにかく、**こちらから出向いて直接その人に会い、誠心誠意こちらの気持ちを伝えること**です。

いきなり電話でというのは、よっぽど親しい間柄でしょう。

まずは、電話かメールで相手の都合の良い日時を聞きますが、いきなり「何日の何時にお伺いします」というのは失礼に当たるので、相手は協力的になれません。

私は、親しい人にも原則として相手の都合を聞き、その日時に合わせて出かけて行きます。その際、遅刻は厳禁です。

実際に会っているときも、礼儀正しく丁寧に、きちんと頭を下げて緊張した顔でお願いするのです。親しいからといって、雑な態度ではいけません。

全ての頼みごとが終わるまでは、バカ話などは避けた方が無難でしょう。

大した用件ではないとき、しかも親しい人であれば、電話やメールだけでも大丈夫です。ただし、このときもフォロー、ありがとうの電話やメールは、改めて入れるべきです。そうしないと、相手に「頼むときだけかけてきて、何て都合がいい奴だ」と思われるからです。

仮に、頼みごとが時間のかかる案件の場合、手紙のフォローは不可欠です。メールでは、失礼となることが多いでしょう。

手紙でこちらの経過や状況を伝えておけば、相手方から都合の良いときに連絡が入るでしょう。何の連絡もこないときは、うまくいっていないか、相手にその気がないときです。

その場合は、もう一度こちらから都合を聞き、直接会うのも良いでしょう。その際、ちょっとしたお菓子などの手土産を持って行きます。相手方のそのときの反応で、本気でやってくれているかどうかが大体わかります。明らかに迷惑そうな、あるいはいかにも取り繕ったオーバーな表情や態度でしたら、諦めた方が良いと思いますので、次の手段や別の人に頼むなど、早く行動に出るべきです。

なお、ここで念を押しておきますと、**頼みごとをするということは、頼まれごともある**ということです。普段、自分がどういう頼まれ方をしているか、そしてそのための尽力をどれくらいしているかが問われます。つまり、**生き方そのものが問われる**のです。いいかげんなことを考えている人ではない、という先入観を持ってもらうことが重要です。

頼みごとの成就《じょうじゅ》は、相手の人柄に負うところもありますが、頼む側の不断の生き方、人とのつき合い方に加え、実際に頼むときのきちんとした礼儀作法が物を言います。

さらに、頼みごとが成就した場合のお礼の手紙や、その後のつき合いをきちんとすることが大切です。もう、別の頼みごとが始まっているのですから。

9 相手を傷つけずに思いやりのある「断る力」

人から頼まれたことを断らなくてはならないとき、どのような断り方をしていますか？

いきなり「ノー」と言っては、相手を傷つけ、うらまれることになります。ひどい人になると、「十年早い」「百年早い」とまで言う人もいますし、さらにひどい人は、頼む人の顔さえ見ないのです。

私も、そのようにされたときの屈辱感は生涯忘れません。いくら高名、有名な方でも、人として許されるものではないと思います。

結論として「ノー」の場合、曖昧《あいまい》にするのはよくありません。これははっきりさせるべきです。ただ、**相手のことを気づかいながら、その断る理由を相手が納**

得するように述べていきましょう。

仮に、「ノー」と言っても相手がなかなか引かずに強引なときでも、「ノー」ということは変わりません、とはっきり言いましょう。あまりにしつこい人には、「社内で検討して文書でお返事します」と言って、その場は帰ってもらう方が良いでしょう。そして、手紙で丁寧に、しかしはっきりと「ノー」を伝えるのです。

その後は、会わないのがベストです。ただし、相手が親しい友人や親類の場合には、自分ができないことをはっきりと伝えつつ、相談には乗るという態度は必要でしょう。また、他を紹介してあげるという手もあります。

人情を大切にしつつも、結論が人情に左右されるのは、良くないと思います。

逆に、友人を失うことにもなりかねません。

結論は曲げずに、しかし相手の心には思いやりが大切です。

断り方によっては、**その人の人間性がはっきりと出てしまう**ので注意しましょう。

10　反対意見を上手に伝える心配り

相手の主張や意見に反対することを伝えるのは、難しいものです。

相手を怒らせたり、傷つけたりしてしまうこともあるかもしれません。

反対意見を通して相手を論破しても、結局良いことは何もなかった、ということもあるでしょう。

人は、そう簡単に自分の意見を変えられるものではありません。

自分ひとりになって、じっくり考えて「あっそうか、実は相手の反対意見が正しかったんだ」「自分にとっては、そっちの意見の方が良かったんだ」と納得しないと難しいのです。

一般的に、日本人はムードや空気で動きがちです。かつて日本が、先の戦争に突入していったのも、そうした空気、軍の一部の指導層で口のうまい、声の大きい人達と新聞やマスコミが作り上げた空気に押し切られたからです。

しかしそれでも、上司だから、社長だから、親友だからといって、従うわけにはいかないときがあるでしょう。周りが皆言っても、自分は従えないときもあるでしょう。

こういう場合も、正面切ってただ反対意見を言うのでは、身の危険まで招きかねません。立場や言うべき相手を考え、どこまでも頭を巡らせる必要があります。

理想は、自分が**普段から私利私欲で考えて動く人でないと周りに知ってもらうこと**です。理想と書きましたが、これが一番大切なことです。論理的思考で「これが正しいのではないか？」と考えることは大切ですが、伝える際に理屈だけでは、相手が納得しません。

もっと言ってしまうと、その論理の正しさを伝える人には、

①普段の行動がちゃんと論理的であること

②私利私欲以外の目的のために誠実に考えていること
③相手に愛情と理解をもって伝えているとわかってもらえること

以上、三つのことが要求されるのです。

論理的思考を尊ぶアメリカでさえ「E・Q」、つまり心の共感性や気配り力が注目されたのも、こうした理由からでしょう。

ところで、反対意見を述べても最後まで仲間から拒否されずに、最後には、この人が頼りになるという人がいます。こういう人が本物で、理想の人でしょう。

そのためには、

・反対意見を拒否されても決して腐らないこと
・どこまでも誠実に生きていること
・人を思いやることにかけては誰にも劣らないこと
・自分だけでなく、周りの人達や組織、社会が良くなっていくのを心より願って

いること

などが求められるのです。

また、反対意見と言いますか、それに**こだわってはいけません**。常に自分の考えの検証は必要です。自分の意見が時と場所に合うものか、本当にそれが正しいのかと、謙虚に検討することが日々あれば、言われた相手も言った人の真摯《しんし》さや人柄の良さがわかるでしょう。

仮に、反対意見を述べても、相手を傷つけることは少なくなるはずです。

なお、言い方ですが、決して感情的にならないように努め、相手の感情も逆なでしないように心配りを忘れないことが大切です。

以上のことに注意しつつ、自分の意見を伝え続けてください。

Column 好きな名言 1

「人間関係で悩んでいる人は、
他人との付き合い方で悩んでいるのではない。
自分との折り合いの悪さで悩んでいるのです」

ジョセフ・マーフィー

マーフィーのすすめる自己訓練法

①「自分は他人とうまくやれる人間だ」と常に自分に言い聞かせる
②「かくありたい」という理想の自己像をイメージする
③かくありたい自分になったつもりで行動してみる
④自分の短所は無視して長所のみを前に出す

（『マーフィー「人間関係につまずかない」55の法則』マーフィー理論研究会編著　産能大学出版部刊）

第2章
あなたを慕って人が集まるビジネスの人間関係

11　なぜ礼儀やマナーが大切か？

仕事とは、プロを意味します。

プロとは何か？　それは、仕事で売り上げをつくり利益を出して、その中から自分の働きに応じた分をいただくことです。

人間関係は自分が出発点ですが、仕事では、自分とお客様が重要です。何にせよ、仕事があって生活は成り立つのですから。

仕事の心構えとして、自分とお客様とは、ほぼ同列と見ておくと良いでしょう。

面白いことに、お客様を喜ばすことを第一にできる人ほど、喜びと誇りを持って生きています。やはり、究極的に自分を大切にする人は、他人を喜ばせることを知り、それを喜びとしているからでしょう。

お客様を喜ばすことが自然とできるようになるためには、自己鍛練に加えて良い習慣が必要です。

第一に、礼儀正しいことです。これは、最低のマナーです。特に挨拶は、仕事の、いえ、人間が生きていく上で基本中の基本です。

気持ちの良い挨拶がきちんとできる人は、相手の心をつかみ、あなたのために協力しようという気にさせることができるので、仕事もうまくいきますし、人間関係もうまくいく人です。逆に、挨拶がきちんとできない人は、人間関係もうまくいかないでしょう。ですから、石にかじりついてでも、自分で自分を叱り飛ばしてでも、挨拶の習慣を身につけなければなりません。

また、遅刻をする人、時間を守らない人も感心しません。家族、友人、恋人との関係では比較的許されても、仕事上の人間関係で、遅刻や時間を守らないことは論外です。

他にも、他人の話を気持ち良く聞く姿勢も大事なことです。

ところで、そもそも何のためにビジネスマナーがあるのでしょうか？

それは、**ビジネスを円滑に進めて利益を生み出すため**です。

マナーを知らない人や守らない人は、ビジネスの円滑な進行を妨げ、利益を生めない、すなわちプロ失格の人です。

しかしビジネスマナーは、自分さえしっかりやろうと思えばできます。

この姿勢が、良い人間関係、ビジネス関係をつくる基礎となるのです。

12 同僚と仲良くするのは難しいことではない

人間の幸せは、人に好かれることです。

そして、人間は仕事なしに生きられないものです。仕事は生きる喜びとなり、糧でもあります。

とすれば、この世で一番大切なことのひとつは、家族と仲良くし、恋人、友人に好かれて親しくすることに加えて、仕事の仲間たちとも仲良くして相手に好かれ、仕事をうまくやることでしょう。

いくら天才であろうと、有能であろうと、仕事の同僚や仲間とうまくいかなければ、幸せとは言えません。しかも、できる仕事の幅も規模も小さいものになりがちです。孤高の人は辛いでしょう。

では、どうすれば、仲良くできるのでしょうか？

ひとつは、当たり前ですが自分の仕事をきちんとすることです。実力はしっかりと身につけていきましょう。

もうひとつ重要なことは、**手柄をひとり占めにしないこと**です。人は皆、事がうまくいくと、それは自分がいたからだと思うからです。

例えば、ある画期的な商品が生まれ、世界を席巻《せっけん》したとします。この商品が生まれるには、実は大勢の人、企画した人、デザインした人、技術の工夫で完成させた人、販売、マーケティングを担当する人や広告マン、資金を調達してきた人、マネジメントする人、社長、その人達の悩みを聞いてアドバイスした人、グチを聞きヤケ酒につき合った人、コンサルティング会社の先生、それらの方々の友人や家族……多くの力があって可能となったのです。

皆それぞれ、自分がこの商品を産み出した張本人だと思うでしょう。

でも、それで良いのです。

大切なのは、自分は自分の力でやったと信じていても、それを**他人には言いふ**

らさないことです。お陰様で自分も参加できたと、共に喜ぶことが大事なのです。

さらにつけ加えますと、人には誰でも不満があり、もっと評価されても良いと思いがちです。ですから、その気持ちを認めてあげましょう。

そしてできるだけ、良いところを認め、グチも聞いてあげましょう。

自分が、自分が、という性格の人は、やがて同僚に嫌われてしまうでしょう。

気概や情熱は必要ですが、謙遜《けんそん》や思いやり、優しさも同時に必要です。

13 ダメな上司や嫌いな上司があなたを鍛えてくれる

サラリーマンとは、「**上司も部下も選べない**」と定義した人がいます。

一応は、その通りですと言えるでしょう。

ただ、あまりにも諦めきってしまうと、あなたの成長が止まってしまいかねません。

自分は自分ということもあるでしょうが、上司を立てつつも、しっかりと自分の実力を高めて勉強し続け、意欲的に取り組んでいる人には、直属の上司だけが見ているものではなく、同僚や他の上司、社長、得意先、お客様、もっと大きく言えば、やっぱり、天が見ているということもあるはずです。

見ている人は、必ずいます。神様もお天道様も、やっぱり見ているのです。

私は実感していますし、信じています。

そのように信じられる人は、強いのです。

相手はダメな上司、嫌いな上司かもしれません。でもその分、自分を鍛えてくれる面も多いと思えば、あなたは成長し続けます。チャンスを信じましょう。

人生は、必ず良い方向に向かいます。自分を信じてきちんと目標を立て、努力している人は、間違いなくそうです。

上司の悪口を言う前に、自分を鍛えてもっと力をつけましょう。どんどん勉強しましょう。

他にも、上司とうまくやるために、

・笑顔で接する
・返事をはっきりとする
・報、連、相をきちんとする
・良い所を真似して、それとなくお手本にしたことを伝える

・お世辞はほどほどにする

といったことを心がけるだけで、上司があなたを見る目は随分変わります。

やがて成長していくうちに、その上司でさえあなたに尊敬の念を持つようになります。そうでなければ、いずれその組織はつぶれる運命にあることでしょう。

そのときにも、**自分を磨き続けてきた成果は、どの世界に行っても必ず通用します。**

そのくらいの信念や心構えは、持っていても良いのではないでしょうか。

14 気持ちひとつで後輩があなたについてくる

後輩とは、自分が伸ばしてあげるべき相手のことです。

それさえ忘れなければ、全てはうまくいきます。

後輩に嫌われる最大の理由は、その上司が**自分の利益、自分の保身しか考えていないと思われること**です。

そのように思われてしまうと、いくらおごっても、ほめても、後輩は信じてくれません。心の奥ではその上司を笑い、軽蔑《けいべつ》し、嫌っていることでしょう。

後輩を恐れる気持ちは、自分の地位や仕事を失う恐怖がつきまとうことを考えるとわからなくもありません。しかし、結果的には逆です。

後輩の成功や成長は、自分のさらなる成功や成長です。後輩を伸ばしたいと思える人かどうかが、うまくいくかどうかの決め手です。

その器量を持てるかどうかが、後輩とうまくやれるか、後輩が本当についてくるかどうかの分かれ目です。**後輩はあなたの心の中を、あなたの親や配偶者以上に見抜くことができる**と思って間違いないでしょう。

なお、後輩とのやりとりについて、

・自慢しない
・嘘をつかない
・笑顔を惜しまない
・良い所を見つけてほめる
・ケチケチしない

といった点から、まずは心がけましょう。

15 悪い奴に対処するにはコツがある

悪い人間は、必ずいます。それは、人間が弱い面も持っているからです。

悪い人間とは、他人を平気で傷つける人のことを言います。

なぜ、そうなるのでしょうか？

それは、そうしないとその人自身が生きていく自信がないからです。傷つきやすい人や弱い人に比べても、さらにどうしようもなく極端に弱い人間です。

「悪人も往生をとぐ」という宗教家もいます。そうかもしれません。

しかし、現世では、そう言ってもいられません。つまらぬ人間に人生をめちゃめちゃにされては、取り返しがつかなくなります。

では、悪い人とどのようにつき合えば良いのでしょうか？

とにかく、**離れること、相手にしないこと**です。悔しくて、反撃したくもなるかもしれませんが、そんなことは馬鹿らしいと、自分に言い聞かせなくてはいけません。

ただし、あまりにもひどくて、自分だけではなく、家族や会社、恋人が傷つけられるようなときは、命を失っても社会的地位を失っても良いという覚悟で、命を賭けて闘うのです。

そこまでいくと、こちらも深手を負うことがあるかもしれませんが、相手がひるむことも多くあります。そのくらいの覚悟ができたときのみ、反撃するのです。

悪い人間は、必ずいることを知っておきましょう。

もちろん、良い人間はもっとたくさんいます。

16 感謝の気持ちをうまく伝えるには？

感謝の気持ちを伝えるのは、大変難しいことです。

その程度や方法にもよるのでしょうが、本当に心から感謝を表したい人は、大げさに表現することを敬遠しがちでもあります。

ただそれでも、感謝の気持ちを伝えることはとても大事です。

人間は案外、単純な所があって、自分が感謝されているとわかると、こんなに嬉しいことはない、生きていて良かったと思うものです。

特に、「お金のためにやっているのではない」「自分は、あなたのことを想ってやっている」という場合はそうでしょう。

では、具体的にどうすれば良いのでしょうか？

まず、サンキューレターと言いますか、これからもずっとつき合いたいと思う大事な相手には、**手紙か直接会って伝えるお礼が一番**です。電話で済ませるのは、かなり親しくなり信頼関係の厚い人との間だけです。

相手によっぽど大変な苦労をかけたというときには、**食事にお誘いする**のも良いでしょう。相手にとっては、その店が高級店でなくても、お礼に食事に誘われたという気持ちが嬉しいのです。

手紙にせよ、言葉で伝えるにせよ、書いたり言ったりするときには、心をこめましょう。上手い下手ではありません。気持ちは必ず伝わるものです。

コツとしては、あくまでも素朴で心に忠実に、です。あまりに過度な感謝の言葉は、嘘っぽく見えたりすることがあるので注意してください。

ビジネスにおいて、そこまで大げさにする程でもない場合もあるでしょう。例えば、ちょっとした紹介などの場合です。こんなときは電話でも（ときにはメールでも）良いと思います。

ただし、電話では失礼かなと迷ったときは、手紙の方が良いでしょう。

電話の場合、できる人ほど長電話を嫌う傾向にありますので、短く簡潔に感謝の気持ちを伝えれば良いと思います。

ビジネスにおいて、手紙・直接会う・電話・メールは、その使い分けのコンビネーションを間違えないようにしてください。

何度も言いますが、「**迷ったら手紙**」ということを忘れないでください。

17 そもそも何のために仕事をするのか？

仕事上で、人間関係の悩みは多くあることでしょう。

しかし、忘れてほしくないのは、自分の仕事を誠実にこなすことは、人間関係以前の問題です。まず、仕事をきちんとやりましょう。

仕事もろくにできない人が、人間関係がうまくいかないと嘆くのは、少し厳しい言い方ですが、人生に甘え過ぎではないでしょうか？

最初は要領が悪くても、それでも一歩一歩懸命に取り組むうちに、実力はついてくるはずです。まずは、この姿勢が大事です。

そして、仕事は何のためにやるのかを忘れないことです。自分や家族が生活するためなのは、もちろんです。それには会社や組織が儲かるように、自分が役に立たなくてはなりません。

「その仕事は、私には不向きだ」と言うのは、子どもの泣き事と同じです。とにかく、言い訳をせずに仕事に取り組んでみましょう。仕事にまじめに取り組むことで、会社組織の中で必要な人材になると、今までと比べてあなたの重要性が高まります。「仕事ができる」と、**組織の中で人間関係が変わってくる**のです。

ただ何事も、できる限りやってみて、その仕事がどうしても向いていないとか、上司や同僚とどうしてもうまくいかない、どうしても合わないということであれば、転職するのも良いでしょう。

しかし、どの職場でも避けられない場合は、おそらく自分に問題があるのではと考え直し、改めて正面から取り組んでみましょう。ときには、嫌でも食べていくために、やらなければならないこともあるかもしれません。

もちろん、自分ひとりでビジネスができれば、問題はないでしょう。文句を言いたくなったら、「果たしてひとりでやれるか?」と、想像してみるのも良いと思います。

現実には、ビジネスはひとりではできません。そう考えると暗い気持ちになるかもしれませんが、ほとんどの人は、働く間に一度や二度はあなたと同じ悩みにぶつかっています。あなただけではありません。安心してください。

どうせ同じ仕事に取り組むのであれば、気持ちを切り替えていきましょう。自ら進んで仕事に向かい、誠実に取り組む決意をした人であれば、どんなところでも必要な人材となり、人が周りに集まり、良い人間関係が築けます。

仕事は、自分を成長させる一番の場でもあります。**自分を成長させるために仕事をする**という姿勢は、人生を輝かしいものにしてくれるでしょう。

Column **好きな名言 2**

人の思いこそすべてである。

正しい心のありよう、それは、勇気を持つことであり、素直であることであり、明るく前向きであることだ。

正しい思考は、創造する力がある。

すべてのことは願望から生まれ、すべての真摯な思いは、実現するのだ。

私たちは心の思い定めるような人間になるのだ。


（『ガルシアへの手紙』エルバート・ハバード著／ハイブロー武蔵訳・解説　総合法令出版刊）

第3章
恋愛上手になって幸せな関係を築く

18 良い恋愛をするには？

人生は、全て自分から出発します。それは、自分のためにあるからです。

恋愛はどうでしょうか？

もちろん、恋愛も自分のためにあります。恋愛は、人間の本能のひとつです。

しかし、性欲は恋愛とは同じではありません。

確かに、恋愛も男と女の性に対する欲望に基づいている面は否定できませんが、自らの性欲に加えて、異性への興味や好奇心、征服欲が根底にあります。

気になるのは、自分を中心とした恋愛の考え方や実践をしている人が、あまりにも多いことです。性欲があまりにも勝ち過ぎて、自分の言い分のみ言う人がたくさんいます。自分の性欲のみとでも言いましょうか。

そもそも恋愛は、自分の欲望を満たすために始まります。ですから、それも全くわからない訳ではありません。

ただ、恋愛が単なる欲望から、お互いを刺激し合い高め合う、素敵なものに発展することが、人間が育んできた文化ではないでしょうか。

そして、自分だけのモノから、愛する相手を大切に大事に思い、自分にとってかけがえのない存在にまで高めることが、素敵で幸せな関係です。単にセックスのみの関係、肉体関係のみでは、あまりにも淋しいと思いませんか？　また、そうした関係では、長く続かないでしょう。

恋愛は、ピンからキリまでいろいろな形があります。自分を本当に大事にするには、良い恋愛をしましょう。そのためには、**相手のことをしっかりと見極め、本当に良い人、自分に合う人を見つけること**です。

その後は、とことん大事にして、関係を大切に保っていくべきではないでしょうか。

19　不幸な恋愛に陥る原因は生き方にある

恋愛は、自分のためにします。

恋愛は、自己愛から始まり、相手を思いやるようになることで、あなたを輝かせ、心を豊かにしていきます。

恋愛は、生きる喜びを大きくさせてくれます。

一方、**恋愛至上主義**とも言うべき生き方を取る人もいます。少しでもチャンスがあれば、見た目のより良い人を見つけて恋愛しよう、つき合ってみようというものです。

この人たちは、お互いに同じ姿勢を貫くため、あっという間の恋愛関係で終わってしまいます（これを果たして恋愛と言って良いかどうかはわかりませんが、とりあえず、そう言っておくことにします）。

そうして、何人も何十人も、何百人もの人とつき合い、楽しく終われば良いのでしょうが、中には、とんでもない相手とつき合ってしまい、ボロボロになる人もいます。

相手を慎重に選ばなかったツケが、回ってくることもあるのです。

恋愛は、一様ではありませんし、深いものや浅いものもあります。しかし、プレイとしての恋愛で幸せになれるのかは、疑問です。

女性作家の中に、男と女は何でもありうるとか、セックス至上主義的に書く人も確かにいますが、彼女たち自身の生き方は、そうでもありません。スキャンダラスなことはあまりせずに、しっかりと相手を選び、賢く生きている場合が多いのです。

ですから、それらの本を読んで「私も私も」と相手を乗り換える人は、不幸になるだけなのではないでしょうか？

もちろん、お互いに真剣な恋愛だったのに、結果として大きな問題を起こしてしまうこともあるかもしれません。それでも、**恋愛はそれぞれの人生を輝かせ、生きがいを持たせるはずのもの**、という原点をできるだけ忘れないように心がけましょう。

恋愛で自分を不幸にしてはいけないと思います。

20 愛を伝えたくなったときの具体的な方法

愛を伝えるには、〝場合分け〟が必要です。

まず、好きな人、それも恋人に愛を伝えたい場合は、何をおいても**相手の近くにいること**です。

人間は、近くにいる相手を好きになりがちです。

好きな人にいきなり電話をしたり、手紙を出したりしても、相手があなたのことをどんな人かわからなければ、うまくいくはずがありません。

それにはやはり、会う機会を作ることです。

会うきっかけ、近くにいるきっかけを最大限につくることで、相手にこちらの存在を、人となりを十分知ってもらえれば、しめたものです。

近づけた後のことですが、今度は、できるだけ会話を交わすことです。「好き」だというシグナルをいっぱい入れた会話をしてみましょう。

これで、相手が嫌がっていなければ、かなり手ごたえがあります。

あなたが男性でしたら、さらにアタックあるのみです。女性でしたら、食事に誘ってもらえるように「今度、食事に誘ってね」の一言を伝えてみましょう。

また、古典的ですが、ラブレターも効果的です。「仲良くしましょう」「お食事しましょう」辺りから始めてみるのです。後はもう、流れに乗るだけです。

ところで、相手のことが好きでも、恋人同士の関係にはなりたくない場合はどうでしょうか？

恋人同士じゃない「好きな人同士」というものです。男として、女として尊敬でき、好きであると言える関係です。

最近の男女関係で良いなと思うのは、こうしたつき合い方ができることです。

少し前まで、男女関係というと、夫婦、愛人関係、恋人同士のいずれかと言われたのですが、個人の生き方が多様化し、いろいろなつき合い方が出てきました。

結婚しない人達が増えてきたためでしょうか？

この場合、気持ちの伝え方は高度です。お互いの知的レベル、感性レベルを高めておくことが重要です。

必ずしも、言葉は必要ありません。認め合う、お互い好きであるという感覚が伝われば良いのですから、言葉がじゃまになることもあるでしょう。

私は、こういう関係においてこそ、**手紙が有効**だと思います。本の話や仕事の話、人生の話、家族の話、たまに恋愛の話……、何でも真剣に語り合えると思います。そういう素敵な関係のために本を読み、手紙を書く習慣をつけておきたいものです。

最後に、家族の場合です。

私は、自分で子どもを持ってみて、親の愛情は理屈じゃないと知りました。

例えば、子どもの言動で激怒することがあったとします。それでも、もともと親子の愛が根底にあるので、次の日はケロッとして仲良くできます。

親子という関係は、永遠に縁が切れないものです。一旦傷が入っても、仲直りできるものです。子どもが大きくなり、ケンカしてすぐに仲直りが難しくなったとしても、必ずいつかチャンスはあるのではないでしょうか？

やっかいなのは、夫婦の関係です。これは、親子のような絶対の絆とは言えません。ですから、言葉と態度に気を配らなくてはならないのです。

そのため、愛情があることを何らかの方法で伝えておくことは必要です。最低限の会話をするように努めることや、**離れていても電話を時々入れておくこと**が大事です。

21 「恋愛上手」になるにはどうしたら良いか？

恋愛をしている人としていない人とでは、人生の生き方も随分違うようです。

恋愛上手は、人生上手であるとも思います。

私は、できるだけ上手に恋愛をして人生にハリを持たせ、肌のツヤやエネルギーを活発にしておき、心を豊かにするのが良いと思っています。

では、どうすれば恋愛上手になれるのでしょうか？

まず、想像力とイメージ力を豊かにしましょう。自分の好きな人を心と頭の中に生き生きと描くのです。前に、「手当たり次第、たくさんの恋愛は失敗も多いのでは？」と述べましたが、心の中の恋愛であれば大丈夫です。いくら恋愛しても、害はほとんどありません。

次に、本をたくさん読み、多くの映画を観ましょう。文芸、音楽、映画といった芸術分野のテーマは、恋愛であることが多くあります。そこで、それらを読んだり観たりすることで、昔から続くいろいろな恋愛の形や、英雄、偉人たちの恋愛、恋愛の喜びや苦悩を知ることができます。そして、多くの言葉も知ることができます。

それから、手紙でも良いのですが、文章を書きましょう。たくさん書くことによって自分を知り、愛の言葉や相手を想う力を身につけることができます。

また、恋愛とは相手を思いやり、関心を持つことです。自己愛から始まって、相手を自分の一部のように、かけがえのない存在だと想うことです。

想う力は、人生の成功原則のひとつでもありますが、恋愛を知り、相手を想う力を身につけることが理想です。

それから、自己コントロール力です。自分をコントロールできる人は、皆に好かれ、人間関係もうまくいきます。仕事もできる人が多いようです。

恋愛は、欲望の発展型かもしれません。あまり自分を抑え過ぎるのも辛いでしょう。ただやはり、車の運転と同様に、恋愛でも大事故を起こさないように適度のブレーキや、運転技術を身につけることは大切です。

究極には、自己コントロール力が必要でしょう。

最後に、「恋愛上手」になる方法をまとめました。

①想像力、イメージ力をつける
②本を読む、映画を観る
③手紙など文章を書く
④相手を想う力をパワーアップする
⑤自己コントロール力をしっかり身につける

22 好かれる人と好かれない人はどこが違うか

男性も女性も、不思議と好かれる人と好かれない人に分かれます。

人間関係は、あくまで相対的なものですので、ある人には合っても、他の人には合わないことはあります。また、相手によって、自分の見せ方や対応の仕方も変わるものです。

以下は、好かれる人と好かれない人の主な特徴です。

【好かれる人】

①可愛げや愛嬌《あいきょう》がある

②ここぞというときの笑顔がある

③自分に誇りがある。しかし表にはあまり出さない
④自分の価値観を大事にしている
⑤夢と希望を持っている
⑥困ったときに何とかしてあげたいと真剣に考えてくれる
⑦完璧ではないが、そこそこのおしゃれやこだわりがある
⑧身ぎれいである
⑨汚い言葉を使わない
⑩人の話を気持ち良く聞いてくれる

【好かれない人】

①言い訳ばかりで謝らない、反省しない人
②暗い人
③自分の意見や考えを持てない人
④自慢ばかりする人

⑤一緒にいると未来が不安になる人
⑥自分の利害しか関心のない人
⑦服や身体を汚くしている人
⑧平気で他人を傷つける人
⑨礼儀知らずの人
⑩聞く耳を持たない人

好かれる人と好かれない人について、それぞれ挙げてみましたが、あまり神経質になり過ぎない程度に相手を見極めつつ、自分が気持ち良くなるつき合い方を考えてみましょう。

23
「別れても好きな人」の関係が望ましい

別れる相手によって、事情は異なります。

まず、最愛の恋人の場合です。

よく「またドロドロの状態になって……」と、醜く憎しみ合って別れることがクセになっている人もいますが、これは止めるべきです。次の恋人も、同じことを繰り返す可能性が高くなるでしょう。

同じ過ちを繰り返さないためにも、私は慌てない恋を薦めたいと思います。それは、会えば会うほど、知れば知るほど、相手の良さがわかってくるような恋です。「そんな恋なんてつまらない」と言う人もいるでしょうが、私はそうではないと思います。

会ってすぐに「世界一好き」と言って盛り上がるのは、すぐ冷めてしまう恋であることが多いようです。

そうならないためにも、じっくりとつき合っていくことを心がけましょう。

その過程でどうもうまくいかない、やっぱり合わないということであれば、お互いに何となくわかるものです。やんわりと「別れましょう」と言えれば良いですし、手紙で「別れた方が良い」と伝えても良いでしょう。

「他に好きな人ができたから」と言う人もいるでしょうが、そのことを伝えるかどうかは、相手によって逆上したり傷ついたりしかねないでしょうから、相手の性格を考えてからが良いと思います。

理想は、お互い「**別れても好きな人**」でいることでしょう。

男と女は、恋愛も良いものですが、友情だって良いものです。実際私は、恋人同士ではなくなっても、ずっと友人として仲良く良い関係、人生の友として刺激し合える関係でいる人達を多く知っています。

そのためにも、「恋に恋をしない恋」「慌てない恋」を私は薦めています。

もう一点つけ加えるならば、やはり「人生、自分だけ良ければ良い」と思わないことです。別れていく恋人にも、素敵な人生を送ってほしいと願うことです。憎しみ合う必要はどこにもありません。こうした心がけがあれば、別れもそんなに揉めることなく、お互いの幸せのために次の人生へ歩めるのではないでしょうか？

ちなみに友人で、そこまで悪い人ではないですが、つき合っても自分にとってあまり意味のない人の場合はどうすれば良いでしょうか？

友人としてつき合える人は、限られています。いくらたくさんの友人がいるといっても、現実につき合うのは難しいものです。

ですから今、あなたが友人を「刺激し合える相手」に絞っていくことは大切です。これは、理想論かもしれませんが、**自分が成長するにつれてつき合う友人が変わることになるのは当たり前**だと、知っておいてください。

前の友人と別れるといっても、今はただ、つき合う時間がないだけです。年賀状や時々の手紙だけでも十分です。

今後、お互いが必要になれば、再びつき合うことになるでしょう。

最後に、別れる相手が本当に嫌いな人や悪い人の場合はどうでしょうか？

こういう人達には、とにかく**接触しないようにする**ことです。何を言われても会わないように、電話にも出ないように努めましょう。

どうしても合わない人がいることは、あなたの責任ではありません。理屈ではなく、必ず世の中にいるものです。それこそ、マンモスを追いかけた太古の昔から存在するものです、きっと。

24 失恋は自分を成長させる貴重な機会

恋愛をしたことがない人は、まずいないでしょうし、失恋をしたことがない人も、ほとんどいないのではないでしょうか？

恋愛にもいろいろあって、派手に人前でキスをしたり、いちゃついたり、すぐにホテルへ一緒に行ったりするようなカップルもいれば、ずっと口に出さずに胸の中で想い続ける恋や、忍ぶ恋なんていうのもあります。

派手な恋愛をすればするほど、年を取るにつれてエネルギーを失い、心を高めたり脳を刺激したりする方法が身につかないことも多くなります。負う傷も深くなりやすいのではないでしょうか？

私は、派手な恋愛は好みではない（できない）ので、忍ぶ恋は素敵だなと思っています。あくまでも私的な傾向ですが……。

恋愛には、きっと**正解はない**と思います。人によって、自分の生き方が異なるように、恋愛はそれぞれが違うからです。ただひとつ言えるのは、本や雑誌で過激な話を読むと、自分は周りに比べて遅れているのではと思いがちなことです。

実際は、編集者もライターも割に地味な人が多く、その人達の現実の恋愛を見ると、読者は驚くかもしれません。まじめに原稿に取り組んでいる方が多く、とても記事にあるような恋愛をするお金も時間の余裕もないのですから。

さて、失恋ですが、失恋は良いものです。なぜなら失恋することによって、違う自分に出会えたり、新しい人生が切り開けたりするからです。さらに良い人に出会える可能性も高くなります。

また、失恋によって、自分の思い通りにならない、自分に合わない人がいると知ることもできますし、もっと自分に合う人がいると気づくこともできます。

失恋は、そのような人の世の仕組みのひとつです。それもまた人生です。

失恋を嘆くばかりでなく、**またひとつ自分が成長していく機会**ととらえてみてはどうでしょうか？

そう考えると、失恋をしたことのない人というのは、ちょっとかわいそうな気がします。

後は、自分を見失わないように、つき合い方について時々振り返ってみる機会を持つことが大切です。

第4章
友達・家族と心地良い関係になる

25 良い友達は名刺交換会でできるか

人生は、人と本との出会いで決まります。その人自身と友達、書棚を見れば、ほぼわかるものです。

友達は、その人自身が反映された結果です。

しかし、友達は無理につくることはありません。必要なときには必ず良い友達と出会えるからです。大切なのは、良い友達、自分に合った友達に出会うまでの自分づくりです。

「友達ができない」「友達がいない」と嘆く時間があれば、自分づくり、自分の価値づくりに励みましょう。というのも、問題は自分自身であって、自分がそれなりの存在になっていれば、必ず人は向こうからやってくるからです。

ですから、社会的に評価の高い人に会いに行き、名刺を交換してきたとしても、あまり意味を持たないことだと思います。

では、具体的に何をすれば良いのでしょうか？

ひとつは、本を読むこと。本を読み、自分と対話して自分を知ることです。その上で、自分のやりたいことや夢と希望を具体的に固めていきましょう。すると皆、あなたの夢と希望に魅きつけられていきます。

また、自分なりの特技、趣味、こだわりの分野を持つと良いでしょう。例えば、音楽、芝居、アンティーク収集、絵画、俳句、登山、ハイキング、海外旅行、語学、野球観戦……、何でも構いません。自分が好きでたまらないものをひとつ追究し、極めていくのです。そこから、友達もできるでしょう。

友達とのつき合いを長く続けるコツは、**適度の距離が保てるように心がけることです**。ベタベタするよりも、自分あるいは相手が必要とするときや、どうしても会いたいときなどに会うのが原則です。

結局、友情は自己愛の相互補完のようなもので、それを充たすことも大切です。

具体的には、**よく話を聞くこと**を心がけましょう。

〝聞く力〟は、成功人生の秘訣のひとつであると言えるほど重要なものです。人の悪口を言ったり、世間を嘆いたりするよりも、相手の話を少しでも聞いてあげましょう。そして、何か悩んでいる様子を見かけたら、「あなたなら大丈夫だよ」とさりげなく言ってあげることです。

そうすれば、自分が辛いときには逆に励ましてくれ、助けてくれたりもしてくれます。そんな励まし合いや、刺激し合うことが友情だと思います。

最後に、長いおつき合いのため、お互いの人生のハリを高めていくために、ときには手紙のやりとりをするのも良い方法です。手紙ほど、いただいて嬉しいものの、お互いを勇気づけるものはないと、私は思うのです。

26 「イヤな友達」がいても気にしない

イヤな友達は、ありえるのでしょうか？

嫌いなヤツは、どこにでもいます。それは、世の中が多様な人の集まりだからです。「80対20のルール」のように、どうしても自分には合わない人が20パーセントはいるものです。そういう人も友達というのは、厳密に言うとおかしな気もします。

ただ人は、一対一の関係が全てではありません。クラスの友達、職場の友達、地域の友達などといった、集団で友達関係を形成しているときも多くあります。その中には、自分に合わない人や自分が嫌い、または向こうがこちらを嫌いという関係も必ずあることでしょう。

これは、友達だけでなく、上司やお客様であっても同じことです。合わない人は、必ずいます。ということは、**あまり神経質になって自分を責めない**ことが重要です。

それよりも、自分に気の合う人がいたら、そちらを大事にしていけば良いのです。そして自分ができる範囲で、**好きな人の範囲を徐々に大きくしていければ良い**のです。コツは、絶対無理をしないことです。

時に、相手を誤解して嫌うことがあります。こちらが徹底的に嫌えば、相手も絶対にこちらを認めなくなってしまいますので、ある程度の心の余裕や弾力性は持っておいた方が良いでしょう。

人間関係は、合わせ鏡のようなものと言いますが、それは真理でもあります。最低限の挨拶、「おはよう」「お疲れさま」「こんにちは」ぐらいは、どんな人にもきちんとしておきましょう。

さらに、弾力性を持つコツとして、人の悪口は「明るく、おもしろく、ゆかいに」を心がけると理想的です。陰湿でなく、ほとんど冗談のように悪口を言うのです。また、相手の言う悪口に相づちするにも、できるだけカラッとした悪口を意識的に言いましょう。これも、ひとつの要領です。

最後に、どうしようもなく嫌いなヤツのことは、考え過ぎない、気にしないことです。そうした相手がいるときでも、自分の気分をどん底に落とさないように、もっと別の、例えば趣味や好きな人のことを想うようにしましょう。

仮に、嫌いな人と話していてムキになりそうなときは、気持ちがエスカレートして相手の逃げ場を失くすことになり、一層険悪な空気になる恐れがありますので、**一歩引くことが大事**です。

ところで、私の経験ですが、嫌いな相手と何年もたってから仲良くなってみると、実にくだらないことで悩んでいたと気づくことがありました。また、意外に相手も同じことで悩んでいる確率が高いようです。

27 他人を傷つける人ともうまくやっていく

他人を傷つけることを生きていく理由にしている人がいますが、彼らは、人を傷つけないと生きていけないのです。この人たちの特徴は、相手が怒れば怒るほど、困れば困るほど、生きていく張り合いを持つという点です。困った人達と言えるでしょう。

なぜそうなるのでしょうか？

それは、自分ひとりで、また他人と仲良く生きていくことができないほど、**弱い人**だからです。その弱さをカバーし、さらに拡大して他人を傷つける精神や言葉の力、腕力、悪知恵を身につけてしまうのでしょう。

また悪い人は、優しい人や弱い人との関わり合いを求めて生きています。そして一度知り合ったら、どこまでも相手を痛めつけ、いたぶろうと攻め立てます。

今の日本は、人権を最大限に守ろうとします。そして、憲法も人権を保障しています。ということは、他人を傷つけてもよほどのことがない限り、警察当局は介入できません。**「民事不介入の原則」**とも言いますが、人権重視の社会がもたらした弊害でもあるのでしょう。

少しオーバーかもしれませんが、ふとしたことから凶悪犯罪に至ることもありますので、自己防衛の手段やテクニックは研究すべきです。例えば相手が精神的に相当参った人の場合、ストーキングや悪質ないたずらをしかねませんから、普段の生活にも気をつけましょう。

基本原則は、危険な人や怪しい人、不気味な人、妙に優し過ぎる人、感情の揺れが大きい人などには十分気をつけて、**できるだけ接触しないこと**です。仮に接触があっても、逃げ切りましょう。

また、パソコンや携帯電話による出会いや、いわゆるメル友も、気楽なおつき合いができるからといって、安易に交際しないことです。

さらに、プライバシーを守るため、自宅住所、電話番号は安易に教えないようにしましょう。教えた後で悪用される可能性もあります。

他にも、次の点に気をつけましょう。

・夜、ひとりで遊ばない
・ふたりのデートも相手をきちんと選ぶ
・暗い道をひとりで歩かない
・部屋のカギは厳重にする
・何かあったときの連絡方法を考えておく
・良い弁護士を知っておく
・憲法、民法、刑法の条文くらいは読んでおく

後は極論として、国家がどこまで社会の秩序に介入できるかが、問題です。
確かに、私達は「人を疑ってかかってはいけない」と教えられ、そのことをよ

く理解できるでしょうが、悪い人に関わることで余計に人間嫌いとならない方が肝腎です。

願わくば悪い人達自身が、心を改めるのを遠くから祈るしかありません。それがベストでしょう。

28 嫌われないように心がけない

人は、嫌われることを極端に恐れる傾向にあります。特に日本人には、その傾向が強いのかもしれません。島国にいて、似たような価値観の中で、和を尊ぶという国民性があるからでしょう。

しかし、これも相対的なものです。自分が相手を嫌う場面を想定すると、よくわかります。人は、それほど他人のことを気にしていません。嫌っているというよりも、**関心があまりない**のです。

その限度を超えて嫌うというのは、よほどのことです。理由もなしに極端に嫌われることは、まずありません。嫌われる方も嫌う方も、よほどの何かがあるのでしょう。

ですから、いちいち自分が誰かに嫌われているかどうかを気にし過ぎる必要はありません。取り越し苦労は、精神的な負担が大き過ぎます。

最低限の**「挨拶と笑顔」**があれば、限界点を超えて嫌われることは絶対と言って良いほど、ないのではないでしょうか？　そう考えますと、①挨拶②笑顔の２点を、常に日頃から心がけると良いでしょう。

ところで、好きな人が自分を好きになってくれないことを「嫌われている」と思う人もいますが、これは恋愛の問題であり、嫌われることとは別次元の話です。

この場合は、好かれるに値する「いい男、いい女」を目指して、自分で解決してもらうしかありません。

結局のところ、「嫌われること」は誰にもあり得ますし、それはお互い様です。気にすると、かえっておかしくなるでしょう。

それよりも、**気にしない方法や気分転換法を身につけておけば良い**ことです。

例えば、次のようなものです。

・「お互いさま」と思う
・好きなものを食べる
・いつもより長く眠る
・趣味に没頭する
・ぬるめのお風呂にゆっくり浸かる
・友達にグチを言う
・家族や恋人に甘える
・好きな人の所へ行く
・運動して汗をかく
・旅に出る

気分転換は大事なことです。
忙しくても、何とか時間をやりくりしましょう。

29 世界は母親を中心に回っている

この世は、どうやら母親が一番大きな存在のようです。

私は、世の中をある程度丸く収めていくには、母親の存在を大事にしなければならないと思います。〝父性の復権〟ということも叫ばれていますが、それだけ父親の存在が危《あや》ういことを意味しています。

男と女では、恋愛の始めは男性がリードする面があります。それは、男の狩猟本能が活発で、何とか自分のものにしたいと考えるからでしょう。

ところが、しばらくすると「釣った魚にエサをやるものか」とは言うものの、ほとんどが言い訳に過ぎず、男は女の言いなりになる傾向があります。

それが、長続きする男女関係なのかもしれません。ただし、男はここぞというときには、勇ましく出て行かなくてはなりません。それがないと、いよいよ男の存在意義がなくなってくるからです。

ある心理学者によると、母親と娘はいつまでも母子関係ですが、息子は自分の恋人や妻がだんだん母親的な存在となっていくため、母親との関係が難しくなるとあります。

ですから、男は妻の両親や家族側とはうまくいきますが、自分の母親や兄弟とは、だんだん疎遠になっていく傾向にあると言います。ここでも、母親が中心ということがわかるでしょう。

ただ、そうはいうものの、男はいつまでも母親を慕うものです。確かに、妻や恋人に気をつかいつつも、心の奥では母親の存在が大きいようです。その気持ちを、妻や恋人の前ではあまり出せないだけでしょう。

女性にとっても、母親はいつまでも近い存在ですから、**この世は母親を中心に回るようにできているのです。**

30 家族がなくても結婚しなくても生きていけるか

「結婚しないと、一人前ではないのですか？」

「家族があって子どもがいて初めて、人間らしく生きられるのでしょうか？」

という質問の便りが来ることがあります。

私がよく、息子や母親のことを書いたりするものですから、こういうお手紙をいただくのかもしれません。

結論から言うと、家族がないと人間らしくないとか、結婚しないといけないとは、一切思っていません。

人の生き方は、人の数だけあります。正解なんてありません。

この本も、「こういう場合には、こうしたらもっと楽に生きられるかもしれない」というひとつの方法でしかありません。こういう風に絶対にやらなくてはいけないというものではないのです（もちろん、人を傷つけない、犯罪とならない、迷惑をかけない限りですが……）。

私の知るある女性は、両親を知りません。しかし、立派に生きています。明るく生き生きと、そして自ら会社を経営しています。

彼女は他人に育てられたのですが、成人となって家を出て自活し、生き抜いているのです。私の尊敬するひとりでもあります。

また、結婚を選ばない人達も多くいます。

私の友人、知人にもたくさんいますが、一人ひとり理由があるのです。

一人ひとりの人生があるように。

何のいけないことがあるでしょうか？

人の生き方に、どうしてあれこれと言えるのでしょうか？

結婚はおめでたいし、子どももおめでたいものです。

しかし、それは当事者にとってのめでたさであって、それらを望まない人にも同じような、**おめでたいことはほかにも無数にある**のです。

私はかつて、子どもは持てないと思っていましたが、それでも全く自分の人生に悔いはないと考えていました。

やがて、神様のはからいで子どもを持つことができました。

それは、幸せでおめでたいことですが、それ以前の私と比べて人生の価値に差異は少しもありません。

結婚もそうです。

一人ひとり、その人の人生の価値は全く異なります。

一人ひとりの生き方こそが大事なのです。この生き方は自分のものであって、他人が口を出す、また評価すべきものではないのです。

31 理想の家族のあり方を考える

当たり前の話ですが、家族は身内であり、最も自分に近い存在です。

しかし現在、結婚しない人が増えて少子化はますます進み、昔のような大家族制度は崩壊しました。家族のあり方はこれからどうなるのか、難しい問題です。

経済が進展し、社会が豊かになるにつれ、一人ひとりの生き方を大切にしよう、尊重しようという風潮が一層強くなっていくのでしょう。

一人ひとりの生き方を大事にするということは、煩《わずら》わしい世間体や親戚つき合いをなくしていくことを意味します。すると、親と子、兄弟姉妹、夫と妻という核の関係のみが尊重されるようになります。後は、祖父母と孫、おじさんおばさんと甥、姪という関係ぐらいでしょうか。

その結果、親を敬う、年上を敬う、夫を敬うなど、儒教の精神もなくなり、ドライな関係の家族が増えました。随分、つき合い方が楽な世の中です。

しかし、他方でその弊害もあります。嫌いな人とは結婚する必要もなく、また嫌いになったら別れれば良いということで晩婚化や少子化が進行し、社会の停滞が起こってきました。

さらに、人生のトラブルにおいて、保護してくれるコミュニティがないこともあります。以前の日本には、会社という一種の「**運命共同体**」がありましたが、このコミュニティも崩壊しつつあります。

今の日本はある意味、人類の理想を追い求めてきた結果です。そして、その後の人間関係のあり方を模索している時期でもあります。

家族愛のあり方、親子のあり方、夫婦のあり方など、正解はありません。一人ひとりが、自分自身でしっかりと築いていかなくてはいけないものです。家族も身内ですが、自分という人間そのものではありません。家族との関わり合い方も極限まで追い求めていく社会の中で、自分の人生を追求していかなくてはならないのです。

私個人の考えとしては、次のようなものです。

まず、家族は自分自身と同じくらい大事な存在であり、また、両親や祖父母、兄弟も同等です。さらに、仕事仲間、友人、恩師など、同じく大切な人達がいます。家族と並ぶ大事な存在です。

こうした大切な人達に、はっきりとした差をつけられるものではありません。自分に関わる人達全てを大事にしてこその家族でもあります。

ですから、家族だけが良ければ他は気にしないという考え方は、賛成できません。しっかりとした仕事や人間関係を作ってこそ、家族も生き生きとするのです。

現代は、そのような**自分と周りの一人ひとりの生き方を大事にできる素晴らしい時代**ではないでしょうか。

もちろん、自分も家族も大事にしていかなければいけません。自分と自分の人生で大切な人達を、一人ひとり思いやって生きてゆかねばならないのです。

家族を本当に大事にする人は、職場仲間や取引先、恋人、友人その他の人間関係もしっかりと大切にしていく人だと思います。

32 家族や親しい友達に感謝の気持ちを伝えるには？

私はとても照れ屋ですので、親しい人ほど感謝の気持ちを伝えられない所があります。

特に家族はそうです。ひとつには、古いしきたりの強い地域、家で育ったため、両親や目上の人と気軽に言葉を交わすことができなかったからかもしれません。心の中では、感謝の気持ちで一杯でも、どうもうまく言えなかったのです。

今、習慣の恐ろしさを身に染みて感じています。

そういう中で最低限やるべきことは、**近くの言いやすい人にはっきり感謝の気持ちを伝えておくこと**です。私は、父親に面と向かって言いにくいときは、母親あるいは兄弟に父親への感謝の気持ちを伝えました。

また、私が講師を務めていたある文章教室で、受講生の若い女性が、お父さんへの感謝の気持ちを手紙にして書いてくれたことがあるのですが、とても優れた文章でした。もし、その手紙を彼女のお父さんが読んだら、「もう死んでもいい」と言うに違いないほどすばらしいものです。

そこで、私は「良い文章ですね。ぜひお父さんに送ってください」と薦めたところ、彼女は照れて「いや、それはちょっと」と拒んだのです。それほど、家族間で感謝の気持ちを伝えるのは、難しいことなのだと思い知らされました。

改めて感謝の気持ちの伝え方を考えてみますと、ひとつのアイデアとしては、感謝の言葉を書いた紙をどこかの引き出しや本の中にさりげなく入れておくことです。ホームページを作って、その中に書きこんでおくのも良いでしょう。誰かが見て、家族にそっと伝えてくれるかもしれません。

また家族の場合は、誕生日や記念日などにちょっとしたプレゼントを贈るのも良いと思います。そこに「いつもありがとう」のメッセージをつけておくのです。

他にも例えば、自分の気持ちをその本の内容で伝えたいと思い、本をプレゼントする人もいます。

ところで、相手が友達の場合はどうでしょうか？

家族よりは、感謝の気持ちを伝えやすく感じられます。しかし、やっぱり直接面と向かっては難しいものです。

オススメなのは、誕生日などに贈るカードに感謝の気持ちと、相手の素敵な所を書いて伝えることでしょう。時には手紙も良いものです。友達ほど手紙のやりとりが楽しいものはないと思います。

手紙は、余計な気遣いもいらず、本音で自分の考えを伝えることができます。

もちろん、友達ですからeメールもOKです。自分の気持ちをこめて、どんどん書いて送ってください。この気軽さは、メールならではでしょう。

親しい人には、感謝の気持ちが伝えにくいものですが、自分の一番の支えとなってくれる人達です。

何とか工夫して、感謝の気持ちを伝えていきたいものです。

Column **好きな名言 3**

〈その1〉

恋愛というものを古典的に定義すれば、両性がたがいのなかにもっとも理想的な異性を見出し、性交という形而下的行為を介在させることなく——たとえなにかのはずみでその行為があったとしても——その次元に双方の格調をひきさげることなく欲情をそれなりの芸術的諧律にまで高めつづける双方の精神の作用を言う、とでもいうほかない。

(『ある運命について』司馬遼太郎著　中公文庫)

〈その2〉

やはり男性と女性があり、相手を意識するところからおしゃれがはじまり、芸術にまで昇華し、産業が栄え、文化が進むということになる。

（『俺の考え』本田宗一郎著　新潮文庫）

第5章
自分を成長させると人生が変わる

33 かけがえのない人は自分を知ることで見つかる

人間関係を論じるのは、**自分自身を大事にするため**です。

自分を大事にできない、自分のためにならない人間関係論は、間違っていると思います。

自分を大事にするためには、他人も大事にしなければなりません。その方法については、これまで述べてきた通りです。

抽象的に「皆を大切しましょう、好きになりましょう」とは言えますが、実際に皆を大事にする訳にはいかないのが現実です。

ですから、自分のペースで構いません。少しずつ好きな人を増やしていけば良いのではないでしょうか？

自分にとってかけがえのない存在をだんだん創り上げ、自分と同じように大事にしていきましょう。それがひいては、自分という人間を大事にできることにつながります。

ここでもうひとつ、大切なことがあります。それは、自分にとってかけがえのない人をどのようにして見つけていくかです。

これには、自分という人間を知るしかありません。

- **自分という人間は何を求めているのか？**
- **自分は何を喜びとして生きていくのか？**
- **自分はこの人生において何を目標にしていくのか？**

などです。

これらの問いに、真剣に取り組んでいく必要があります。なぜなら、あなた自身の中であなたという人間の明確な方向が定まっていないと、他人はそう親しく近づけるものではないからです。

その取り組む過程において、私は読書を習慣とすることを薦めます。

本は何でも、面白いと思う本であれば構いません。とにかく手にとってみて、自分と対話ができるような本を見つけてみましょう。

読んだ後で、自分にとってはどうだろうと考えてみることで、自分の中で何が面白く感じられるのか、わかると思います。

なお、**自分の成長とともに興味のある本は変わります**。

以下は、読書をする上で大事なポイントです。

・自分が面白いと思える本を読む
・ひいきにする作家を見つける
・本を読み終えて気に入った文章があれば書き出す
・好きな本はお互いに紹介し合う

・定期的に通う書店を見つける

仮に、本を読むのなんかつまらない、意味がないと言う人は、かけがえのない人達を見つけられる範囲を狭めてしまうことになるので、それこそつまらない人生だと思います。せっかくの一度きりの人生です。自らの手で自分の人生を切り開いてみましょう。

34 良い人間関係を築く「可愛げのある人」

良い人間関係をつくるコツはどこにあるかというと、「**可愛げ**」なのではないでしょうか？

何となくでも、大切にしたい、つき合ってみたい、面倒をみたい、会ってみたいなどと相手に対して思うのは、何となくその人が「可愛い」と思えるからではないでしょうか？

可愛げのある人とは、顔が良い、とは違います。

頭が良い、とも全く異なります。

カミソリのように頭が切れ、仕事ができる人とも違います。

かといって、いつもお世辞を言ったり、無理にニコニコしたり、おしゃべり上手な人とも異なります。

一言で「これが可愛げのある人」と言い切るのは、簡単ではありません。

人によって、感じ方が違うからです。

私の場合は少し抽象的に言うと、

「自分の夢と希望をしっかりと持ち、その目標に向かって努力しているが、あまり表面に出すこともなく、懐深く、相手の喜ぶものにいつも気づき、理解して、さりげなく気配りしてくれる、笑顔の良い人」

です。ちょっと長過ぎる定義かもしれませんが……。

具体的には例えば、

・夢のある人
・行動力のある人

・面白い人
・身ぎれいな人
・礼儀正しい人
・優しくて強い人
・自慢しない人
・教養があっても見せびらかさない人
・相手の話を聞くのが上手な人
・つき合いやすい人
・さっぱりとしてベタベタしたつき合いをしない人
・イザというときに頼りになる人
・言い訳しない人
・素直に「ごめんなさい」と言える人

などです。こうした可愛げのある人を目指したいものです。

35 大切な人との永遠の別れを考える

人間は、生きる喜び、そして知的生活を生きがいとして持てる存在です。その反面、心の有り様が感じやすく、繊細でもあります。

人間関係においても、豊かでより刺激的になり、奥深い恋愛ができる反面、どうしようもなく淋しくなったり、悲しみを強く感じたりするようになりました。

特に、別離や永遠の別れ、孤独というものを経験しなければなりません。

しかし、よくよく考えてみると、これは人間がより人間であること、より人間らしく生きていることの証でもあるのです。

他の動物や植物は、食べていく不安や飢えの不安があるときには違った感じ方をしますが、基本的にただ生かされているだけです。つまり、生きていくことと、食べ物をどうするかという関心だけが強いのです。

孤独や悲しみ、淋しさを知る人は、相手を心から愛おしく心から愛し、思いやることができます。

ですから、淋しさや悲しさを知り、それを感じていけることは、人生の大切なものを知り、身につけていることでもあるのです。

無理に孤独になることも、悲しむこともありません。ただ、**孤独を知る人こそ良い人間関係を築き、温かく相手を思いやる素敵な人生を送る資格を持つ人**です。

親しい人や大事な人、愛する人の死や別離は心にこたえます。しかし、それは人間がそれぞれ自分の人生を大事にしていくことの、不可欠な仕組みのひとつであるとしか言いようがないのです。

悲しくても淋しくても、私達はしっかりと生きていかなくてはなりません。

それが人生です。

永遠の別れもない、悲しみや淋しさもない世の中は、あの世だけです。

私は、両親や祖父母の死を悲しみましたが、今はそう思っています。きっと、意識の上では今もつながっていて、どこかで必ずまた会えると信じているからでしょう。

36 じっくりと自分を伝えていくすばらしさを味わう

私は、「ひとめぼれ」や第一印象（ファースト・インプレッション）などの効力を否定しません。

本当にうまくつき合える人や絶対的に気の合う人に、このような人が多いことを知っています。フィーリングが本当に合う人もそうです。

一方、じっくりと何年もかけて育てていく人間関係もあることを知っています。

私も、こうして時間をかけることで、心から尊敬し、つき合いたいと思える人達が大勢います。

ベタベタしない人間関係が好きな私は、こうしてじっくりと自分を伝えていける人が大好きです。ただ、出会ってからあまりにも離れたままというのは、良くないかもしれません。

また近くにいる人でも、一年たち、二年たち、五年たち……となっていくと、その人の心や考え方、性格がほとんどわかってきます。そうなると、一種の飽きが来ることもあるでしょう。

しかし、だからといって離れてしまうのは、もったいないと思います。やはり適度な距離感が、あなたとその人の関係を生き生きとさせてくれるのではないでしょうか？　**ちょうど良い距離を保ち続ける**のがコツです。

男性と女性の関係でもそうです。

とても愛し合っていたカップルや夫婦の仲が悪くなるのは、あまりにも近過ぎてベタベタした関係を作ってしまうことからくることが多いようです。

本当に仲の良いカップルは、相手の生き方や心を尊重し、相手のことを信じた上でお互いの自由を認め、適度な距離を楽しんでいるものです。

「愛の形が年々変わっても、愛している気持ちは決して変わるものではない」と言った文豪もいましたが、こういうことなのでしょう。

ベタベタといつも一緒にいて、いつも一緒に行動し、価値観も同じであることを求めるような関係は、決して幸せにはなれません。

長続きはしません。

じっくりと、自分の気持ちを伝えていくすばらしさや幸せも、ぜひ味わってほしいと思います。

37 想いを伝えることは自らの成長につながる

人間は、ひとりでは生きていけません。

どんなに優秀な人でも、美人の女性でも、かっこいい男性でも同じです。

また、人間は受身の姿勢でいると、つまらない人生を送ることになります。

つまり、自分から想いや考えていることを相手に伝えなくては、生きている甲斐も小さなものになってしまうのです。

いいえ、人間ばかりか犬や猫でさえ、体全体を使って気持ちを表現し、伝えることによって自分を始め周りの仲間を喜ばせ、愉快な生き方を実現できるのです。

こうして全ての人間関係は、まず自分の想いを伝えることから始まります。したがって、この想いの伝え方がうまくできる人とできない人では、長い一生の間で手に入れることのできる喜びの量や、幸せの質も大きく変わってしまうことになります。もしかすると、経済的な面でも仕事の効果でも、計り知れない差となってしまうかもしれません。

ここで私が言いたいのは、**自分の想いを人に伝え、わかってもらえるようになってほしい**ということです。

素敵な、かけがえのないあなたの想いを伝えてください。

そうすることによって、自らが刺激されて喜びを伝えることができ、相手も心から喜んでくれて、その喜びを返してくれます。そしてさらに、自分が磨かれていき、魅力的になっていくのです。

これが良い循環になると、あなたは自分自身を生かしきる人生を歩んでいくことになるでしょう。これが「**生きがい**」です。

あなたは、こんなにも良い想い、豊かな心を持っています。その想いと心を、ぜひひとも相手に伝えてほしいのです。

それが、周りの人達の幸せにもつながり、あなたの更なる成長と実りある人生につながっていくでしょう。

38 自分を励ます力を身につけ価値ある人生を送る

この世を生きていく上では、喜びも多い反面、途中に辛くしんどいことも多数あります。そのしんどさを乗り切れるかどうか、生きる喜びを感じられるかどうかが、良い人間関係をつくり上げることができる試金石となるのです。

先に述べた「可愛げのある人」も、こうした辛さや困難を乗り越えてきた人です。

ところで、人の価値についてはいろいろな見方がありますが、自分の前に置かれた困難な状況をいかに耐え、どう乗り切ってきたのかは、その過程にあると言えるのではないでしょうか？

同じ笑顔でも、苦しみ抜き悩み抜いて生き抜いてきた人、自分を励まし続けてきた人の笑顔は、人に見せびらかしたり言いふらしたりする必要もなく、一段と深みがあります。

少なくとも、自分がそうして生きてきたことは、自ら最大級に褒めても良いのではないでしょうか？

それこそ、人生の価値です。結果だけでなく、今にたどり着くまで自分を励まし、高めてきた価値なのです。

自分を見つめて叱咤激励し、そして他人のせいにしないで、頑張り抜いた人。そのくせ、偉ぶらずに相手にはさりげなく、そして温かい人。

私は、そういう人が大好きです。

少々の失敗など、気にすることはありません。

自分を励ます力を身につけることを惜しんではいけません。

自分の成長のため、素敵な自分になるためにあなたは生きているのです。

人の一生とは、自分を励まし、生き抜き、良い人間関係をつくりあげていく喜びのことです。

数々の失敗を乗り越えながら、素敵な人生、喜びの人生をつくりあげていきましょう。

私も、自分を励まして生きていきます。

Column 好きな名言 4

あなたはふたたび生まれ変わったのです。でも、以前と同じように、失敗や絶望を、あるいは成功や幸福を選ぶことができます。選択はあなたにまかされています。選択するのはあなただけなのです。わたしは前と同じように、誇らしく、あるいは悲しみながら、見つめていることしかできません。
では、ここで幸福と成功の四つの法則を思い出してください。

自分の恵みに感謝しなさい。
自分のかけがえのなさを主張しなさい。
自分の枠を超えなさい。
選ぶ力を賢く用いなさい。

そして、もう一つ、以上の四つを実現するために必要なことがあります。自分自身への愛、他者への愛、そしてわたしへの愛をもって以上のことをやり抜くということです。

（『この世で一番の奇跡』 オグ・マンディーノ著／菅靖彦訳 ＰＨＰ文庫）

エピローグ

人づき合いや人間関係は、面倒な所がたくさんあります。

特に、職場のつき合いについて考えてみると、そもそも会社組織は仲良しの集まりではなく、お互いに利益を上げるための集団ですから、どうしても自分に「合わない人」がいるのは仕方のないことです。

しかし、この本で提案してきた心がけと方法を実践していけば、あなたの考えや気持ちを相手に伝え、相手の心をつかみとっていけるようになり、今よりずっと楽にやりとりができるはずです。

それはあなたが、自分の人生を生き生きと過ごし、周りの人達と素敵な関係を築ける人になっていることを意味します。

あなたは、自分を大事にし、他人を大事にすることが重要であることを知っています。なぜなら、**人生は自分と他人の合わせ鏡**だからです。

人を好きになるのが上手になれば、反対に人に好かれることも上手になり、人生もより充実していくのではないかと思います。

互いに認め合い、高め合うことのできる人づき合いを目指して、毎日を過ごしていきましょう。

あなたの輝かしい未来が、すぐそこに待っています。

人づき合いは、自分を成長させるチャンスです。

まずは、自分を信じることから始めましょう！

ハイブロー武蔵（Highbrow　Musashi）
1954年（昭和29年）福岡県生まれ。早稲田大学法学部卒業。
海外ビジネスに携わった後、数社の会社を経営し、現在ビジネスエッセイストとして活躍中。読書論、ビジネス論、人生論、人間関係論、成功法則論を主なテーマとしている。著書に『希望の星の光を見失うな！』『読書力』『読書通』『勉強人』『生きがいの読書』『失敗力』『天国への橋』『生きる力が身につく論語三六五話』『新・いますぐ本を書こう！』『自分に奇跡を起こす言葉』（以上総合法令出版）、『ツキを絶対につかむ行動法則42』『自分を磨く読書術』（大和書房）など。訳書に『ガルシアへの手紙』『ローワン』『人生を幸せに導く13の習慣』『若き商人への手紙』。他多数の共著や編著がある。

本書は、2001年9月に発行された『ポチ・たまと読む　人を好きになる技術　人に好かれる技術』、2002年5月に発行された『ポチ・たまと読む　思いを伝え、心をつかむ技術』（総合法令出版）を修正・改題したものです。

「嫌われてる？」と感じたときに読む本

2009年5月8日　初版発行

著　者　ハイブロー武蔵＋総合法令出版編集部
発行者　野村直克
発行所　総合法令出版株式会社
〒107－0052　東京都港区赤坂1-9-15　日本自転車会館2号館7階
電話　03-3584-9821（代）
振替　00140-0-69059

印刷・製本　中央精版印刷株式会社

落丁・乱丁本はお取替えいたします。

ISBN978-4-86280-139-5

総合法令出版ホームページ　http://www.horei.com